AF596988

QU'EST-CE QUE GAYANT

IMPRIMERIE DE Mme Ve ADAM A DOUAI.
(Presse mécanique mûe par la vapeur.)

QU'EST-CE QUE

GAYANT

TOUTES LES RÉPONSES
PLUS UNE.

NOTICE
SUR LES MANNEQUINS DE LA FÊTE COMMUNALE
DE DOUAI

Par Théophile DENIS.

1862.
CHEZ LES PRINCIPAUX LIBRAIRES.

QU'EST-CE QUE GAYANT

PREMIÈRE PARTIE.

Qu'est-ce que Gayant ?

Ce que c'est que Gayant ? Ma foi, je n'en sais rien.
Ce que c'est que Gayant ? Nul ne le sait en Flandre.

Le spirituel Albonus qui fit, en 1841, à des Athéniens, cette réponse digne d'un Spartiate, ne croyait peut-être pas exprimer la plus incontestable des vérités.

Et cependant. ces deux vers renferment. sous

leur cachet humoristique, toute l'histoire *connue* de Gayant.

Cet aveu, que j'énonce dans toute la sincérité de ma conviction, indique suffisamment le cas médiocre que je fais de l'opinion personnelle que promet le titre de cette notice.

Si cette opinion doit jamais prévaloir, on me rendra au moins cette justice que j'ai fait tout le possible pour la priver de cet honneur.

J'ai eu tort, je crois, de donner d'abord la réponse d'Albonus.

On ne lira peut-être plus les autres — y compris la mienne.

Pourtant, une pensée me rassure sur ce point. Je sais que le nom de Gayant a provoqué des prodiges inouïs, — que je rappellerai plus loin.

Ce nom — magique puissance — a, dans mille occasions, inspiré tous les courages à ses enfants.

Il leur donnera celui de me lire.

Or, qu'est-ce que Gayant ?

La Tradition a répondu : c'est la perpétuation d'un fait héroïque.

Le Clergé a riposté : c'est le souvenir d'un miracle.

L'Histoire a balbutié : c'est un produit de l'Espagne transplanté sur le sol flamand, par Charles-Quint.

La Légende a repris : c'est un des rejetons de cette race titanique qui habitait la tour du *Vieux Tudor*, aux premiers temps de la ville de Douai.

Enfin, l'Archéologie a risqué timidement cette opinion toute moderne : c'est l'attribut de l'ancienne corporation des manneliers.

Je prends également note des explications mythiques que l'on a tentées plus récemment encore.

La réponse dominante, celle qui fait toujours le mieux son chemin, c'est celle de la tradition.

Le peuple douaisien veut absolument voir un guerrier fameux, un intrépide libérateur, dans son colossal mannequin. Il veut y voir un de ces preux du moyen-âge, toujours vainqueur dans les joûtes et triomphant dans les combats.

Cette version flatte son amour propre ; elle est d'ailleurs plus facile à retenir que les autres, et puis rien ne ressemble plus à la réalité que les illusions du patriotisme.

Aussi, arrêtez le premier douaisien que vous rencontrerez, et demandez-lui : Qu'est-ce que Gayant ?

Il répondra :

« Il était une fois un guerrier dont la bravoure répondait à la force athlétique ; il était armé d'une lance que six hommes n'auraient pu soulever, et un cheval avait de la peine à traîner sa cuirasse. Il habitait un château des environs.

» Un jour, les ennemis arrivent en foule pour surprendre Douai. Seul, avec ses gens d'armes, il court à leur rencontre, les culbute, les met en fuite et sauve ainsi la ville. C'est pour perpétuer ce trait héroïque que, chaque année, on fait voir le géant qui rappelle fidèlement la figure et la taille de notre vaillant défenseur. »

Voilà le fond au moins de chaque réponse. Quant à la forme, elle aura sans doute quelques variantes; mais enfin la différence sera peu sensible.

Par exemple, ceux qui auront la mémoire riche de quelques couleurs historiques, diront que ce fait s'est passé sous Bauduin II, vers l'an 881, et que les assiégeants étaient des Normands.

D'autres, mêlant à leur récit un peu des modernes fictions, ajouteront que ce guerrier s'appelait Jehan Gelon, qu'il était seigneur de Cantin, et qu'il vint au secours des Douaisiens, en traversant un souterrain qui partait de son château pour aboutir à la ville.

Le clergé a composé une fable, que dis-je? trois fables dont les détails ont beaucoup d'analogie avec ceux de la tradition, que nous venons de consigner.

En voici une première :

Des troupes françaises, envoyées d'Arras par Louis XI, le 16 juin 1479, pour s'emparer de la ville de Douai, étaient venues se cacher dans les moissons des environs de cette place. Saint-Maurand, patron de Douai, les y découvrit, et, par un miraculeux coup de main, parvint à les chasser et à renverser leur projet de conquête.

Le second miracle fut opéré en 1556, le jour des Rois. Cette fois, c'est l'amiral Coligny qui commandait les Français chargés de surprendre la ville de Douai. Tous les habitants étaient plongés dans le sommeil le plus profond, se reposant de la fatigue des plaisirs auxquels ils s'étaient livrés à l'occasion des Rois.

Mais Saint-Maurand veillait.

Ce digne patron, voyant le danger, va promptement trouver le gardien de l'église Saint-Amé et l'invite à sonner les matines. Ivre et endormi lui même, peu disposé à se lever et à réveiller les chanoines qui, parait-il, avaient également besoin d'un sommeil réparateur, il répondit à Saint-Maurand par un refus net. Mais Saint-Maurand insista si vivement, que le gardien ne vit d'autre moyen de se débarrasser de cet importun et de continuer tranquillement sa nuit, qu'en se rendant à son invitation.

Il se prépara donc à sonner *matines*.

Il n'avait pas plus tôt touché la corde, qu'un charivari infernal se fit entendre ; la cloche qui semblait avoir été mise en branle par une armée de diables, sonnait l'alarme la plus pressée et la plus retentissante ; elle s'agitait, elle se démenait, elle voulait sauter par-dessus les toits.

L'épouvante se répandit bientôt par toute la ville ; les habitants coururent aux armes et se précipitèrent sur les remparts.

C'est là qu'ils virent éclater le plus renversant des prodiges : Saint-Maurand, qui les avait précédés, achevait déjà la besogne. L'ennemi, frappé de terreur, fuyait devant son invincible et fulgurante épée.

C'est en 1579 que l'on place l'accomplissement du troisième miracle.

A cette époque, c'étaient les Gantois qui nourrissaient de mauvais desseins à l'égard de Douai. Quelques-uns d'entr'eux s'étaient même introduits traitreusement dans la ville, et cherchaient à soulever le peuple, préparant ainsi la réussite de leur audacieux projet qui devait être exécuté le Jeudi-Saint.

Pendant toute la nuit, les rebelles étaient arrivés d'Oudenarde, et se trouvaient cachés, de grand matin, au milieu des marais qui s'étendaient du côté de la porte de Saint-Albin. Un des gardes de cette porte les vit assez tôt pour donner l'alarme. Quand les habitants purent les apercevoir, ils délogeaient de toute la vitesse de leurs jambes, poursuivis par un seul guerrier.

C'était Saint-Maurand !

Or, ces faits qui se sont réellement produits, mais dans des conditions moins surnaturelles, ces faits que l'esprit de superstition et le goût du merveilleux ont si étrangement dénaturés, ont été remémorés par des processions solennelles, instituées « en l'honneur de Dieu et de toute la court célestiale et de Monsieur Saint-Maurand. » Maintenant, faut-il croire que le géant, parvenu jusqu'à nous, fut introduit dans ces processions pour personnifier Saint-Maurand, pour rappeler les exploits qu'on lui prêtait ?

Ce n'est pas mon avis.

J'ai dit que l'histoire attribuait à Charles-Quint l'institution des géants dans le pays flamand. Ce souverain aurait eu pour but, en introduisant ici cette coutume de l'Espagne, d'amener ses sujets à fraterniser entr'eux et de neutraliser l'humeur inquiète de nos pères dont il connaissait le goût pour les divertissements. Car ces représentations gigantesques donnaient lieu à de grandes fêtes publiques dans lesquelles le peuple ne pouvait songer à autre chose qu'à s'amuser.

C'est de cette source, qui aurait ainsi jailli d'un expédient tant soit peu politique, que nous est arrivée la version légendaire recueillie dans un manuscrit de M. Guilmot.

« Charles-Quint, dit notre chroniqueur, voulant établir à Douai quelque chose de remarquable, qui augmentât la valeur des fermes, en attirant dans la ville un plus grand nombre de consommateurs, fit enterrer, dans la tour du *Vieux Tudor* (partie de l'ancien château de Douai) des os d'un animal monstrueux, qu'on découvrit ensuite, et qui donnèrent lieu à l'érection de Gayant et aux fables débitées sur la taille de ce mannequin. »

Quant à retrouver dans Gayant l'emblème de la corporation des Manneliers, c'est une opinion très-hypothétiquement émise par M. le conseiller Quenson, dans la notice si complète et si savante qu'il a publiée, en 1835, sur le géant de Douai. M. Quenson a eu la modestie de ne pas conclure affirmativement, bien que ses conjectures soient vraisemblables et assez heureusement assises.

Je m'y rattacherais certainement, si je n'avais moi-même une opinion, ou plutôt une hypothèse à émettre.

Par respect pour toutes les opinions —dont la pire peut, d'ailleurs, être meilleure que la mienne, puisque je ne puis pas la baser davantage sur une certitude—je crois devoir consigner une des plus récentes, celle que deux archéologues, MM. Lenglet-Mortier et Diogène Vandamme, ont avancée avec une certaine assurance, dans une notice mythographique de Gayant composée en collaboration et publiée en 1858.

Ces messieurs, réfutant fort justement tout fait historique ou légendaire, se perdent dans les nuages du mythisme, et vont chercher la naissance de Gayant au milieu de considérations philosophiques et théologiques de la plus haute portée, qu'ils déduisent de la signification étymologique du mot Gayant.

Gayant, disent-ils, est formé de deux mots gaulois et signifie mot-à-mot : *Patrie-de-Dieu*. « La racine de son origine est le christianisme donnant la main au vieux druidisme et proclamant plus haut que jamais l'unité de Dieu, la continuité de la vie, l'émancipation de l'homme et la rédemption de l'humanité ... La marche de Gayant n'est pas une farce, une mascarade sans nom ; c'est, au contraire, une des cérémonies les plus augustes de l'antiquité ; c'est la représentation solennelle d'un fait historique accompli dans l'humanité; c'est l'emblème du triomphe de notre antique civilisation sur la barbarie ; c'est le symbole de la régénération de la Gaule... La véritable gloire de Gayant n'est pas d'avoir chassé, mais d'avoir éclairé les barbares; son vrai triomphe est d'avoir dissipé les ténèbres et les superstitions du polythéisme !...»

J'ai tenu à placer cette solennelle et sublime origine à côté de l'origine si mesquine, si prosaïque supposée par M. Quenson.

Quel contraste ! — Ou Gayant est une représentation divine, ou il n'est que le produit fantaisiste du cerveau d'un fabricant de paniers !

O mes chers savants, vous me rendez un peu d'aplomb ; vous m'enlevez l'appréhension d'émettre mon opinion. Il y aura toujours au moins un d'entre vous qui n'aura pas le droit d'en rire. Mais je gage que vous rirez tout de même, tous les trois.

Or, cette opinion, la voici :

Pour moi, Gayant est une simple et capricieuse invention jetée, un jour, sur un programme de réjouissances publiques : c'est un divertissement original trouvé par un membre d'une société, d'une réunion, comme qui dirait actuellement d'une commission des fêtes publiques. Peut-être même n'est-ce qu'une imitation.

Il faut maintenant que j'énonce les raisons qui m'ont fait arriver à cette conclusion.

Ce que je dis est si simple, si dépourvu de science, si déchargé de poussière archéologique,

si naïf, en un mot, si clair, que j'ai bien peur de n'avoir déjà excité qu'une hilarité dédaigneuse ou d'ironiques exclamations.

Je m'y attendais. Mais voyons la fin.

A quelle date place-t-on l'institution de Gayant ?

Personne ne répond.

Cette ignorance générale me met déjà à mon aise.

Moi, je ne connais pas de plus ancien document qui fasse mention de notre mannequin, qu'un état de dépenses de 1665.

En avez-vous trouvé un autre ? — Non.

Eh bien, j'en conclus d'abord que l'origine de notre Gayant n'est pas aussi ancienne qu'on le suppose le plus souvent ; que cette origine ne doit pas être d'une bien grande importance, et qu'elle n'a pas pu se produire avec tout l'éclat d'un événement, puisqu'on a dédaigné d'en tenir note ailleurs que dans des *états de raccommodages*.

A mes yeux, Gayant n'a été qu'une *chose* à son apparition. Ce n'est qu'au bout d'un certain temps, après l'extinction des premières générations qui avaient vu bâtir cette *chose*, lorsque déjà le souvenir de son premier jour se perdait dans le vague des hypothèses, qu'il est insensiblement arrivé à se faire passer pour une *personne.*

On me comprendra tout à fait, lorsque j'aurai montré la route même qui m'a conduit à ces conjectures.

D'abord, j'ai examiné le document de 1665, celui qui présente, le premier, des données authentiques sur nos colosses d'osier ; et j'ai remarqué que ces mannequins y sont désignés sous l'appellation de *le géant* et *la géante.*

Je tiens, avant d'arriver aux conclusions de cette remarque, à mettre quelques articles de cette pièce sous les yeux du lecteur.

« Déclaration des frais et mises exposées pour la procession généralle de ceste ville le 10 juin an 1665 :

» A cinq homes ayans porte le GÉANT, paye a chascun 30 pastars faisant 7 florins 10 pastars ; — A ceulx ayans portez la GEANTE pour ceste fois seullement pour estre à la charge des mandeliers, 30 pastars; — Aux deux garçons ayans dansez devant le GÉANT et la GÉANTE, 20 pastars ; — A Martin Manduy pour douze paires de souliers blancs livrez pour joustes et danses pardevant le GÉANT et la GÉANTE paye par réduction, 6 florins, 16 pastars ; — Au s[r] Laurent Durieu eschevin pour diverses parties de grosseries tant pour l'habit de la GEANTE, estendart quaultrement selon son billet, 283 florins, 13 pastars ; A Philippe Blassel pour la façon de lhabit de la GEANTE et aultres petitz habitz apparant par son billet reduict a 32 florins ; — A Marie Jenne Paul pour avoir faict la perruque de la GEANTE, raccommode celle du GEANT, paye par réduction 17 florins ; — A Guillaume Gourbé mandelier pour la façon et livreson dosier tant pour la GEANTE que pour le bracquet et marteau d'armes et raccommode le GEANT, 31 florins ; — Pour vingt et une cordes de perles applicquez a la coiffure de la GEANTE, 63 pastars ; — Pour avoir moulle la teste de la GEANTE, construit ses mains, son collier, sa rose de diamant et diverses aultres pieches dornement, passe 40 florins. »

Il est donc bien évident que l'on ne voyait pas encore à l'époque dont nous parlons, autre chose qu'*un géant*, une représentation purement et exclusivement gigantesque, dans cette charge de la structure humaine. On ne regardait cette création grotesque qu'avec les yeux, comme on aurait regardé toute autre invention drolatique. La population et ce mannequin n'étaient pas encore unis par ce lien moral qui les rapproche aujourd'hui ; il n'y avait pas l'illusion d'une glorieuse naissance : la tradition n'avait pas encore fourni sa fable ingénieuse.

Le *géant*, ce n'était point là un *nom*, c'était une *qualification*, une désignation de *chose*.

Alors, ce mot ne faisait battre aucun cœur douaisien.

Il a pu faire rire de ce rire béat et bonasse qu'on saisit encore de nos jours sur de plates et tranquilles physionomies, — mais jamais de ce rire accompagné d'émotion, et expression d'un plaisir du cœur.

Un autre état de dépenses nous montre, en 1715, l'article *le* enlevé du mot *géant*, et notre mannequin désigné par ce mot : *Gean*, avec une majuscule.

Je lis, en effet, dans cet état :

« Paié à ceux qui ont porté GEAN et sa famille, 33 florins ; — Au tambour qui a conduit GEAN, 16 pattards ; — Paié à Saint-Léger pour avoir abilié GEAN et sa famille, 5 florins, 16 pattards ; — Paié à Wagon pour avoir abilié le petit enfant GEAN, 1 florin 4 pattards ; — Paié à Saint-Léger pour avoir peint le visage de GEAN et de sa famille, 5 florins, 15 pattards. »

On le voit, la tradition a dû faire son chemin : la foi du peuple a été innocemment surprise ; peu à peu ses yeux ont perdu de vue la *chose*, pour entrevoir, à travers l'obscurité d'une histoire de convention, une *personne*. Ce n'est plus *le géant*, — une machine — qu'on regarde ; c'est *Gean* — un personnage. — *Le géant* serait déjà mort sans doute ; *Gean* continue tranquillement sa marche vers l'immortalité.

D'erreur en erreur, d'exagération en exagération, on est parvenu à lui faire ressusciter un guerrier fameux, un libérateur impossible. On a saisi un lambeau d'histoire, une bribe de superstition, une fiction de littérateur; on a mélangé tout cela avec un grain de patriotisme; puis on a jeté le tout dans le moule de la crédulité populaire, et il en est sorti cette imaginaire et fantastique création qui s'est emparée si puissamment de nos cœurs.

En s'éloignant de l'époque de la fabrication du mannequin, on a fini par tout oublier. Quand on a essayé de retourner en arrière, les investigations se sont égarées trop loin dans le passé; on a quitté la route directe pour explorer d'inextricables sentiers, et, pour ne pas se perdre tout à fait, on s'est arrêté dans des impasses.

On y est encore.

Car je ne prétends pas avoir trouvé le fil qui nous fera tous sortir du labyrinthe.

Personnellement, il me suffit. Je ne vous dis pas: « Prenez-le, il n'y en aura jamais de meilleur. Je dis: Prenez, la pelote en est moins embrouillée. »

A *Gean* succéda *Géant*, avec un *t*.

Cette fois, la modification orthographique est peu importante. Ce n'est plus qu'un fait matériel.

Ainsi, dans l'état des frais de la procession générale du 11 juillet 1779, nous lisons :

« A David, menuisier, pour bois et façon employés à la réparation des figures de GÉANT et de sa famille, 65 florins, 13 pastars ;— A Cambray, maître mandelier, pour avoir fait les enfans de GÉANT, 49 florins...... »

Mais d'où vient la dénomination actuelle de *Gayant?* — La réponse est simple.

Géant et Gayant étaient deux appellations employées *simultanément*. Géant était la désignation *officielle*, Gayant la désignation du *peuple*, le nom vulgaire.

En voici la preuve : d'abord, nous avons montré, dans un document *officiel*, que notre mannequin était connu sous le nom de *Géant*.

Or, dans l'ordonnance de l'évêque d'Arras, lors de la deuxième suppression de nos géants, en 1770, il est dit, au milieu de la description de la procession, après le signalement de la *roue de fortune :* « que ceste roue est suivie d'une figure gigantesque *vulgairement appelée le grand Gayant....* »

Gayant était donc alors la dénomination *patoise :* — c'est celle qui a survécu, voilà tout.

Nous avons dit plus haut que Gayant n'était peut-être qu'une imitation.

Cette supposition nous est inspirée par le souvenir du nombre prodigieux de *gayants* qui surgirent dans la plupart des villes de la Flandre et de la Belgique ; ce qui nous ferait croire que le nôtre peut bien ne pas avoir été le premier du genre, et par conséquent ne pas être une invention douaisienne.

Des géants d'osier se sont montrés à Bruxelles, à Louvain, à Anvers, à Ath, à Hasselt, à Gand, à Bruges, à Ypres, à Malines, à Poperinghe, à Lille, à Dunkerque, etc.

Beaucoup de ces mannequins, qui différaient

de physionomie et de costume, portaient le même nom, *Reusen*, qui est la traduction flamande du mot géant. Aussi, doit-on supposer, avec plus de raison que jamais, que l'on n'avait point d'autre but, en exhibant ces monstrueuses carcasses, que de fabriquer de grands jouets destinés à amuser de grands enfants. Chacune des villes que nous venons de nommer avait son *jouet* à montrer, qu'elle cherchait à faire plus drôle, plus amusant, plus excentrique que celui de la ville voisine, mais sans intention de ressusciter un heros ou un personnage historique. On façonnait alors des géants ou des *reusen*, comme on a façonné plus tard des navires, des chars, etc., jouets plus importants, plus splendides et de meilleur goût. On pourrait même dire que ces ridicules édifices d'osier ont été l'embyron de nos magnifiques fêtes historiques

Donc, il est arrivé qu'un jour un individu a eu l'idée de confectionner un géant et que cette idée a fait son chemin.

Il s'agirait de trouver l'endroit d'où est sortie cette idée, pour donner à mon opinion plus de chances de prévaloir.

Eh bien, j'ai un indice qui me conduira peut-être à la vérité.

Le *gayant* de Malines s'appelait le *grand'père des géants*. Or, je vois percer, à travers cette désignation, la volonté de revendiquer certain honneur, celui d'avoir donné naissance à tous les autres gayants. Pourquoi ce mot *grand'père*, si ce n'est pour indiquer que ce géant-là est le plus âgé, — c'est-à-dire le premier inventé ? Il n'a dû s'appeler tout d'abord que *géant* tout court, et Malines ne lui a décerné le titre de *grand'père* qu'à la suite des imitations nombreuses qui en ont été faites, et alors qu'il avait fait souche.

Le gayant douaisien ne serait qu'un des petits-enfants du gayant de Malines. Et il n'en serait pas un des premiers, — à moins qu'en l'absence de toute date, et malgré le silence absolu sur ses premiers jours, on ne veuille le faire très vieux quand même. Toujours est-il que la ville de Troyes avait un gayant, nommé Goliath, qu'elle fit voir en 1486, à l'entrée de Charles VIII. Dans la relation de cette entrée, écrite par Grosley, on lit : « Qu'on y vit un *Gayant* fainet qu'on disait *Goliath*. »

Je dis donc, pour me résumer, que notre Gayant est un divertissement copié; qu'il a pour origine toute simple et toute naturelle certaine proposition d'un des ordonnateurs de nos anciennes processions, dans lesquelles le profane et le mystique, la farce et la religion marchaient avec une entente parfaite. Cet ordonnateur, ce commissaire — comme nous disons aujourd'hui — aura donc proposé d'ériger à Douai un géant, à l'exemple de ceux qu'on avait pu déjà voir. On aura voté le *gayant*, comme on a voté, après lui, une dame de Gayant, des enfants de Gayant, une roue de fortune, et, plus récemment, des fêtes historiques, des courses aux ânes, des illuminations, enfin mille autres récréations pour la vue.

Des Douaisiens me diront : vous enlevez à Gayant tout son prestige ; vous le faites descendre du piédestal sur lequel l'a fait monter la tradition, et que nous avons étayé de notre patriotisme et d'une affection héréditaire ; vous anéantissez nos illusions les plus chères et les plus invétérées.

Je réponds :

D'abord, je n'ai rien prouvé, parce que mon opinion est basée sur un système d'hypothèses que le moindre des manuscrits peut renverser demain. Cette opinion n'a ni le pouvoir, ni la prétention de s'imposer.

Un savant vous a montré Gayant comme l'emblême très-modeste et de peu de valeur d'une corporation de manneliers. — Vous n'avez tenu aucun compte de l'opinion du savant. — Gayant est resté votre idole affectionnée, après comme devant.

Et d'ailleurs, supposons que vous vous rangiez à mon avis, croyez-vous qu'il cesserait ou qu'il diminuerait seulement ce culte si profondément enraciné ? Croyez-vous qu'elles s'envoleraient, ces vieilles et douces illusions que vous tenez de vos pères ? Croyez-vous qu'elle s'éclipserait cette inexplicable auréole qui entoure la tête vénérée de votre mannequin ?

Ne craignez pas cela.

Moi-même, je ne me pardonnerais jamais d'avoir préparé cette déception ; d'avoir brisé ce lien si doux qui fait que je me sens rattaché à une seconde patrie ; d'avoir jeté bénévolement sous la glace du réalisme ces chauds et ravissants souvenirs de mon enfance ; d'avoir tué d'un mot tout ce passé d'hier que je voudrais garder pour demain, pour toujours.

Non, non, cette religion étrange et incomprise, née d'un rien, ne perdra ni de notre ferveur, ni de cette crédulité naïve qui nous la fait embrasser presqu'en naissant.

Nous resterons constamment, et malgré notre volonté, sous le joug des sentiments éveillés par le mot de Gayant.

La forme du géant, sa taille, sa structure herculéenne, son costume, son origine, tout cela se perd, s'enfuit, se dissipe au milieu de nos pensées, lorsque nous cherchons à remonter à la source de notre amour pour Gayant.

Il reste, dans notre esprit, quelque chose d'idéal, de mystérieux, d'insaisissable, comme ce je ne sais quoi qui fait battre le cœur d'un français à la vue du drapeau national. Ce drapeau, c'est un morceau d'étoffe attaché à un bâton : — voilà ce que disent les yeux.

Ce drapeau, c'est l'orgueil de la France, c'est la force d'une grande nation, c'est la victoire, c'est le courage, c'est le respect, c'est la gloire : — voilà ce que dit le cœur.

Gayant, c'est le drapeau douaisien, — surtout le drapeau des luttes pacifiques.

Plus d'une fois, nos sociétés artistiques ont

marché au triomphe, en jurant par son nom : — c'est lui qui entretenait l'enthousiasme et électrisait les âmes, lui qui soufflait la confiance.

Sa mystérieuse influence se fait sentir toujours et partout, loin de la cité comme au-dedans. Quand un douaisien se trouve éloigné des siens, heureux ou non, il sourira au nom de Gayant, — et ce sera le meilleur de ses sourires.

Je ne jurerais point que ceux des Douaisiens que la destinée a fait tomber sur les champs de bataille, n'ont point placé, dans leur pensée suprême, à côté des noms les plus chers au cœur, — un nom qui résumait pour eux les plus belles heures de la vie, leurs plus saintes et leurs plus pures affections : le nom de GAYANT !

DEUXIÈME PARTIE.

J'ai présenté à mon lecteur toutes les origines de Gayant supposées jusqu'à ce jour, augmentées maintenant de celle que je lui attribue.

Pour compléter cette notice, il me reste à examiner les questions de détail, qui composeront comme l'odyssée de cette mystérieuse machine dans laquelle les croyances populaires ont insufflé la vie.

Gayant existait seul primitivement, sans femme, sans enfants. Ce n'est qu'en 1665 qu'on voulut bien lui donner une épouse, ainsi qu'il résulte de l'état de dépenses dont j'ai cité des extraits dans la première partie de ce travail. On remarquera, en effet, que, dans ces extraits, le compte de Gayant ne porte que sur des racommodages, tandis que celui de son épouse indique une fabrication entière et toute nouvelle. On moule sa tête, on construit ses mains, on fournit et on façonne son habillement et ses ornements, on fait sa perruque.—Enfin, on lui donna plus tard le nom de *Marie Cagenon*.

Quelques années après, cet accouplement donnait naissance, d'abord à *Jacquot* et à *Filion*, puis à *Binbin*.

Bref, cette famille n'a été complète que dans les premières années du 18e siècle, on peut ajouter avant 1715.

La *roue de Fortune*, qui fait encore partie du cortége actuel, doit avoir suivi de bien près Marie Cagenon; car il est fait mention « de rouler la *roue de fortune* » dans un mémorial de la fin du 17e siècle.

Quelque ridicule que fût le spectacle présenté par ces mannequins, et bien que leur aspect dût plutôt appeler le rire sur la figure des spectateurs que la piété dans les cœurs, ils faisaient néanmoins partie de ces processions générales et religieuses dont l'interminable cortége se déroulait jadis, au jour de la fête patronale, appelée plus tard *ducace* ou *kermesse*.

Dans ces processions, le profane et le grotesque l'emportaient sur le sacré. On y voyait les corporations avec des attributs de toutes sortes, des navires, des chars de triomphe, des personnages allégoriques, des prophêtes, des sybilles, des dragons, et que sais-je encore ? Tout cela était confondu avec les châsses,les reliques, les emblêmes religieux.

Pour avoir une idée de cette singulière fusion, on n'a qu'à jeter les yeux sur un document qui rappelle l'ordre arrêté pour une de ces processions.

Voici un extrait d'un mémorial de la fin du 17e siécle, qui énumère les divers tableaux d'une procession générale :

« Le chariot de triomphe du patron Saint-Maurand. — Les sept vertues à cheval. —Les douze sebilles aussi à cheval. — Le chariot de la circoncision. — Le faulx riche sur un chariot estant à table et le lazare à sa porte pauvre mendiant, rebuté et abboié des chiens. — La tentation de nostre Seigneur par le diable.— La roue de fortune.—Le géant et la géante, etc. »

Le document suivant permettra de juger du nombre d'acteurs qui figuraient dans ces pieuses mascarades.

C'est un « ordre des corps de mestiers pour marcher à la procession :

» Les capeliers — les cordiers — les carliers— les porteurs de charbon — les vairiers et plombiers — les tailleurs d'imaiges — les paintres et les brodeurs — les fructiers — les tisserans de toille—les pottiers—les brasseurs — les mulquiniers — les orpheuvres et les estainniers — les wantiers—les chartiers de rivage — les mandeliers—les cuveliers — les hugiers—les porteurs au sac—les tisserans de drap —les parmentiers —les gorliers—les tasneurs—les chavatiers—les cordonniers et colreux — les pasmentiers — les grossiers — les merchiers — les navieurs — les lingiers—les wiesiers et pelletiers—les soyeteurs sain—les couvreurs en tieulles—les massons— les carpentiers—les feronniers—les drapiers— les tondeurs de grand forge — les carbattiers—

les cuisiniers—les mosniers— les boulengiers—les poissonniers—les bouchiers—les pellerins de Saint-Jacques — les cannoniers — les archiers—les arbalestriers—les chirugiens—les torsses de la ville. »

A ces corps de métiers, il faut ajouter les ordres religieux : les Capucins, les Récollets-Wallons, les Récollets-Anglais, les Augustins, les Minimes, etc., les Seminaristes qui portaient les châsses des chapitres et des paroisses, les Chanoines, le clergé des paroisses, le corps de l'université, le siège royal de la gouvernance, les échevins, le conseil et l'arrière-conseil de la ville, etc.

Conçoit-on le désordre, le tohu-bohu, le tintamarre, qui devaient régner au sein d'un cortége de cette composition ? — Ajoutez que tous les cabarets qui se trouvaient sur l'itinéraire de la procession ne désemplissaient pas, étant constamment assiégés par tous les individus de certaines classes, qui entraient dans la formation de cette fête burlesque et bariolée.

Serez-vous surpris alors que l'autorité religieuse songea un jour à prendre des mesures, pour rendre à cette marche indescriptible une physionomie moins carnavalesque ?

C'est ce qui arriva en 1699, date de la disparition de Gayant de la procession générale.

M. de Guy de Sève, évêque d'Arras, fit paraître un mandement qui débutait en ces termes :

« L'intention de l'Eglise dans les processions qui s'y font étant ou de détourner la colère de Dieu par des prières unies et publiques, ou de lui demander quelque grâce, ou enfin d'honorer des jours saints par un respect particulier ; rien ne peut y être plus opposé que lorsqu'à ces cérémonies saintes et augustes, on y joint des choses profanes et indécentes, et des représentations plus propres à attirer la risée des spectateurs qu'à exciter leur piété, etc. »

Suivait un règlement, en 15 articles, pour les processions. L'article 6 est ainsi conçu :

« On ne souffrira dans aucune procession, sous quelque prétexte que ce puisse être, rien de superstitieux, de ridicule ou qui sente la fable et le théâtre. Il n'y aura point de figures et de représentation de *géants*.... »

Ce mandement causa le plus vif émoi chez les habitants de Douai On cria haut et longtemps contre l'évêque ; le Magistrat se réunit et prit délibérations sur délibérations. On finit par s'entendre : le clergé fit sa procession ; et la ville en fit une autre, en la séparant un peu de la première. Gayant avait le droit de sortir au moment où la procession religieuse avait atteint sa première station.

Le cortége de Gayant n'en gagna que plus de popularité, en attirant davantage, par son isolement, l'attention du public.

Cette popularité devint telle que les deux processions, qui, en somme, composaient la fête, ne tardèrent pas à être désignées par une même et seule qualification, *la procession de Gayant*.

On pense bien, d'après les concessions insignifiantes qu'avait faites le Magistrat à la suite du mandement de 1699, que les choses devaient se passer à peu près comme auparavant.

M. de Conzié, évèque d'Arras en 1770, s'en aperçut facilement. Aussi, le 14 juin de cette année, ce prélat fit-il paraître un mandement qui contenait une mesure plus radicale que celle de son prédécesseur. Il supprimait complètement la *procession* dite de *Gayant*

Je vous laisse à penser de quelle façon la population douaisienne reçut ce mandement. Songez qu'à la date du 14 juin tous les préparatifs étaient faits, puisque la fête avait toujours lieu le troisième dimanche de ce mois.

Le dépit entra dans tous les cœurs, lorsqu'à la suite des considérants que vous devinez et qui rappellent ceux de M. de Sève, on lut cette proscription :

« A ces causes, tout vû et considéré, et de l'avis de notre conseil ordinaire, nous ordonnons qu'attendu la circonstance de la clôture du jubilé, la procession solennelle qu'il est d'usage de faire chaque année, en la ville de Douay, le 3e dimanche du mois de juin, n'aura point lieu cette année; en conséquence faisons défense au clergé séculier et régulier de ladite ville de s'assembler, pour y assister, dans l'église où il est d'usage qu'elle commence : Défendons même de continuer par la suite de faire lad. procession, jusqu'à ce qu'il ait été justifié à notre Promoteur qu'icelle a été duement et légalement autorisée, ou par les souverains, ou par l'un de nos prédécesseurs..... »

Le 30 mai 1771 un autre mandement du même évêque prononçait la suppression définitive de la procession du 3e dimanche du mois de juin et instituait une nouvelle procession générale du clergé séculier et régulier, pour le dimanche le plus voisin du 6 juillet, jour anniversaire de la reddition de la ville de Douai à Louis XIV.

Je n'ai pas besoin de dire que le Magistrat fit toutes les démarches possibles pour faire annuler cette décision épiscopale. Il fit son devoir en vrai douaisien.

Mais rien ne put empêcher Louis XV de confirmer le mandement par lettres closes du 6 juin 1771.

Le peuple était dans l'exaspération, et l'intendant de la province qui se trouvait à Douai, ces jours-là, ne dut pas être trop rassuré en entendant retentir sous les fenêtres de son hôtel, ces cris incessants : « *Rendez-nous Gayant, rendez-nous notre père.* »

Telle était la force du lien sympathique qui unissait les Douaisiens à Gayant, que lorsque celui-ci reparut en 1779, l'institution nouvelle fut aussitôt absorbée par le souvenir encore vivant de l'ancienne, et qu'elle reprit la qualification de *Procession de Gayant.*

Gayant était revenu de l'exil avec un enfant de plus. Il n'a pas vécu celui-là. On l'a vu marcher dans un *alloir* au milieu de sa famille. — Au lieu d'un mannequin, c'était un homme qui le représentait.

La Révolution fit tomber Gayant ; elle l'abattit comme un vestige d'institution féodale. Ce coup de massue révolutionnaire lui fut asséné le 14 juin 1792.

Mais notre cher colosse n'avait été qu'étourdi. Il se réveilla de son long évanouissement le 19 juillet 1801, plus beau, plus prestigieux, plus aimé que jamais. Les Douaisiens le saluèrent des cris de joie les plus frénétiques. Tout le monde chantait, et partout ; les porteurs eux-mêmes entonnaient des chœurs sous les charpentes de nos géants. — On peut dire que ceux-ci ont tressailli de joie jusqu'au fond de leurs entrailles.

Depuis cette époque, Gayant se présente chaque année, à ses enfants, recueillant leur tribut d'amour et de respect, et les remerciant des sacrifices que, de temps en temps, ils s'imposent pour lui donner une toilette convenable.

Les données sont peu précises sur le costume primitif de Gayant. Mais il est presque certain qu'il suivit les modes respectives des époques. En 1665, nous le voyons avec le *bracquet* et le marteau d'armes du moyen-âge, la perruque et le bonnet militaire du 17e siècle. En 1779, après avoir subi dix restaurations au moins, il échange son bonnet contre un casque romain ; il prend le glaive, la cuirasse et la chlamyde, et revet un jupon qui tombe jusqu'à terre. Ses bras sont nus et pendants.

La même année, si nous nous en rapportons au bas-relief du Musée attribué à Corbais jeune, la famille de Gayant reparaît vêtue à la mode du temps; avec le chapeau à larges bords rabattus, surmonté de trois plumes, avec la perruque frisée à *boudins* et poudrée, avec les *engageantes*, le *vertugadin* et le *catogan*.

En 1801, l'accoutrement de Gayant subit certaines modifications exigées par la mode : on ajouta à sa toilette de 1791 le col noir, la courte queue et les boucles d'oreilles du soldat de la République.

Il en fut de même de sa famille : les femmes prirent la coiffure, le ridicule et la robe décolletée et à courte taille du Consulat.

Jacquot se coiffa d'un claque à rubans, passa une veste à pans de couleur rouge au-dessus de laquelle tranchait un large baudrier jaune.

La *roue de fortune* et le *sot des Canonniers* sont restés attachés à la destinée de la famille de *Gayant*. Rien ne saurait expliquer la stabilité de ces accessoires dont voici l'origine : La *roue de fortune* était jadis l'attribut des charrons et des tonneliers. La déesse fixée sur le haut du char qui la traîne, éparpille au hasard les dons de sa corne d'abandance, sur les six personnages suivants qui défilent tour à tour sous son bandeau : un financier ou collecteur, un paysan, un procureur, un espagnol, une fille de joie et un militaire. C'est une simple allégorie à la portée de toutes les intelligences.

Le *sot des Canonniers* représente le *sot* de l'ancienne corporation des canonniers. Les *sots* des corporations avaient pour tâche de faire la police dans les processions, de tenir à distance les spectateurs à qui ils administraient des coups de vessie. Le *sot* qui escorte Gayant remplit maintenant les fonctions de quêteur.

Rien de plus absurde que toutes les transformations qui tendaient à faire oublier l'antique origine de Gayant.

Aussi rendons grâces à la mémoire d'un homme de goût et de talent, de M. Wallet, qui nous a rendu un Gayant vraisemblable, c'est-à-dire le guerrier du 16e siècle, avec la cuirasse, la cotte de mailles, les cuissards, les brassards, le gantelet, le casque à mentonnière, l'écu et la lance.

Cette véritable résurrection date de 1823.

Gayant avait alors 20 pieds de hauteur et sa femme 18 pieds. La taille de *Jacquot* est de 12 pieds, celle de *Filion* de 10 ; *Binbin* a huit à neuf pieds.

Il y eut une réelle satisfaction à revoir notre géant vêtu d'une façon digne, respectable, sans anachronisme.

Nous avons sous les yeux une pièce contemporaine, espèce de proclamation solennelle, qui donnera la mesure du contentement général.

Cette affiche originale débute par un titre en grandes lettres.

GAYANT

BIEN RESTAURÉ

REDOUBLE L'ALLÉGRESSE.

« Tous les jours de sa vie , chaque Douaisien, ainsi que tout bon Français, après avoir adoré Dieu , lui adresse de ferventes prières pour la prospérité de l'auguste Dynastie qui le gouverne , sous la domination de laquelle il a eu le bonheur de rentrer en 1667. Ayant rempli des obligations aussi sacrées, il aspire après l'époque où il pourra , dans l'effusion de son cœur , célébrer l'anniversaire de l'entrée de Louis XIV dans ses murs , et celle à laquelle Louis-le-Désiré revint dans sa capitale. Les 6 et 8 juillet sont pour lui des jours précieux. Et ce n'est pas pour lui seul qu'il prépare sa fête; il veut y associer et la faire partager par tous les habitants des villes et des communes voisines; et il n'est point d'efforts et de sacrifices qu'il ne fasse pour y parvenir. On se souviendra longtemps de ceux qu'il a faits cette année; et on se dira toujours: « Depuis 1823, Gayant est l'image fidèle de ce valeureux guerrier qui combattit pour son pays; il a retrouvé son antique vigueur; il a repris ses armes. Son épouse a recouvré ses attraits; elle s'est parée des ornements et des bijoux propres au siècle qui la vit naître. La Roue de Fortune enfin, dans une forme nouvelle et élégante, retrace les caprices multipliés d'une source de bonheur et de maux. » Ces améliorations dues au zèle éclairé de l'administration municipale, réunies aux autres divertissements qu'elle a arrêtés, ne manqueront pas d'amener, à la fête de la présente année, de nouveaux et nombreux spectateurs. »

Gayant a certainement inspiré souvent de meilleure prose que celle qu'on vient de lire ; il a également inspiré des vers spirituels, à côté de poêmes plus que médiocres ; mais prose et vers ont toujours reflété le même lyrisme et le même enthousiasme. Jamais un écrivain, de quelque valeur qu'il fût, qui s'est essayé sur ce héros légendaire, n'a manqué de prendre le ton sur le *la* pindarique.

N'allons pas très loin pour prouver ce que nous avançons, et rappelons le rapport d'une commission municipale, qui a été lu par M. le comte de Guerne, le 22 février 1859, à l'occasion de la récente restauration de nos personnages dits historiques. Un rapport pouvait bien se limiter aux formules de la prose la plus serrée et la plus positive ; mais est-il possible de contenir les chaleureuses inspirations que soulève cet irrésistible battement de cœur qu'on éprouve au nom de Gayant ?

Or, à travers le style budgétaire du rapporteur de 1859, il sera facile de découvrir quelques phrases qui prouveront que l'amour filial des Douaisiens pour Gayant est loin de décroitre, et que les largesses de la municipalité à son égard augmentent plutôt que de s'amoindrir.

Je cite tout entier ce document :

« Messieurs,

Depuis plusieurs années les cœurs vraiment Douaisiens s'attristaient de l'état de délabrement dans lequel se trouvait notre *grand père Gayant* ainsi que sa respectable famille ; aussi est ce avec une satisfaction non équivoque, que, dans la dernière séance, vous avez entendu M. le Maire vous soumettre un projet de restauration complète de ces illustres personnages, derniers souvenirs des temps anciens : La commission à laquelle vous avez renvoyé ce projet m'a fait l'honneur de me nommer son rapporteur, et je viens vous rendre compte de l'examen auquel elle s'est livrée.

En 1843, il y a 16 ans, 1600 francs environ ont été consacrés à revêtir de costumes neufs, les héros de notre fête communale ; depuis lors on n'y a fait chaque année que de légères réparations indispensables et prélevées sur le crédit des fêtes publiques. Cette fois, il ne s'agit pas seulement de renouveler les habillements, mais bien de rétablir entièrement à neuf les têtes, les mains et même les corps. La dépense est nécessairement beaucoup plus élevée ; elle se subdivise ainsi qu'il suit en chiffres ronds :

Moulage des têtes, des bustes et des mains, et cartonnage pour tous les sujets,	400 fr.
Restauration des bâtis, tant pour l'osier que pour la menuiserie, . .	300
Peinture, ...	600
Travaux divers, ...	200
Réparations à la roue de fortune, changement de l'engrenage, . . .	75
Costumes entièrement neufs pour M. et Mme Gayant, les trois enfants et les six mannequins de la roue de fortune , ...	1,140
En résumé, le total du devis rédigé par M. l'architecte y compris ses honoraires s'élève à.	2,700

Quelques observations ont été faites à l'occasion de ce devis : 1° Sur la nature trop peu solide de certaines étoffes destinées aux habillements, notamment la lustrine brune devant former la robe de Gayant et de Jacquot. Il serait préférable d'adopter un tissu plus fort mais aussi plus couteux ;

2° Sur l'insuffisance de la somme de 75 francs demandée pour changement et réparations à la roue de fortune : à cet égard, nos craintes ont disparu quand nous avons connu l'excellente idée qu'a eue M. le Maire de faire exécuter dans les ateliers de l'école primaire supérieure, avec du vieux fer existant dans les magasins de la ville, les diverses pièces d'engrenage et de mécanique. Cette heureuse combinaison réunira à une notable économie l'avantage de fournir aux jeunes gens de notre école professionnelle l'occasion d'effectuer un travail de précision qui restera parmi nous, comme souvenir de leur habileté industrielle ;

3° Sur la convenance de modifier en même temps la structure de la roue de fortune et de la revêtir de quelques ornements qui allègent un peu, au moins pour l'œil, cette masse informe.

Le court intervalle qui a séparé la réunion de la commission de la présente séance, n'a pas permis de recueillir les renseignements nécessaires et de prendre sur ces divers points une décision positive, mais il suffit à votre commission comme il vous paraîtra également suffisant, nous le pensons, de les avoir signalés à l'attention de M. le Maire qui, après examen, s'arrêtera à la solution reconnue la meilleure. Pour lui laisser à cet égard une entière liberté, votre commission propose d'élever le crédit demandé à la somme de trois mille francs. Le soin qu'apporte constamment M. le Maire à surveiller l'emploi des fonds mis à sa disposition nous est une garantie certaine qu'il ne sera dépensé que la somme strictement nécessaire. En votant ce crédit, nous agirons, Messieurs, en *bons enfants de Gayant*, et nous aurons bien mérité de la cité qui, d'après la légende, regarde ce *grand homme* comme son sauveur et lui a voué un culte presque filial. »

On le voit, l'administration est généreuse et digne, lorsqu'elle vote sous l'influence du nom de *Gayant*.

C'est dans toutes les circonstances de la vie d'un Douaisien que se révèle, d'ailleurs, la puissance électrique de ce nom. Quelques anecdotes ont été relevées ; nous devons les consigner dans cette notice dont elles seront la meilleure péroraison.

En 1745, certaine compagnie d'artillerie, en majeure partie composée de Douaisiens, et dont M. de Bréande était capitaine, assistait au siége de Tournai. Cette ville venait d'être prise, lorsque le lendemain, 20 juin, M. de Bréande est averti par un sous-officier, que tous les militaires de sa compagnie ont déserté. Le capitaine est d'abord ému d'une pareille nouvelle ; mais bientôt un sourire effleure ses lèvres : il s'était rappelé, lui qui avait épousé une douaisienne, que c'était la fête de *Gayant* : « Sois tranquille, dit-il, à son sous-officier, les enfants de *Gayant* sont fidèles à leur Roi, à leur devoir ; et nos gens reviendront, dès qu'ils auront vu danser leur grand'père. »

En effet, toute la compagnie du capitaine de Bréande était au complet, le lendemain de *Gayant*.—On ajoute même qu'elle était augmentée de nouvelles recrues douaisiennes.

Le même fait se renouvela, tout à fait avec les mêmes circonstances, en 1765. Cette fois, les déserteurs Douaisiens appartenaient au régiment d'Auvergne qui se trouvait en garnison à Strasbourg.

M. Duthillœul rapporte, dans l'*Ermite en province*, qu'un de ses parents, né à Douai, et qui avait habité longtemps les Indes-Orientales, lui disait qu'ayant un jour entendu, à Pondichéri, un soldat fredonner l'*air de Gayant*, il en avait été pris d'un tel accès de joie qu'il en fit une maladie.

Cet *air de Gayant*, c'est le *ranz des Douaisiens*: chacune de ses notes frappe toujours droit à leurs cœurs.

D'où nous vient cet air original? — M. Plouvain répond: « En 1775, Lajoie, grenadier et maître de danses au régiment de Navarre, en garnison à Douai, étant à cette époque, à Aubers, avec ses chefs, composa, et fit exécuter la contredanse de *Gayant*. »

Depuis cette époque, l'éminent artiste Tolbecque a composé, sur ce motif national, un pas redoublé qu'il a dédié à notre corps de musique; c'est le même qu'a toujours joué ce corps, depuis 1836, et que nous connaissons tous par cœur.

Grâce à notre compositeur Charles Choulet, ce morceau populaire retentit également sur tous les pianos douaisiens, car il a été le motif d'un quadrille et d'une valse pour piano, qui ont eu plusieurs éditions.

Le pas redoublé de Tolbecque a passé dans le répertoire de plusieurs corps de l'armée, et il est parfois exécuté sur les promenades, dans des villes éloignées. Alors, si un douaisien est là, il en éprouve une joie indescriptible.

J'ai vu moi-même cette joie se traduire en manifestations qui passèrent pour des signes d'aliénation mentale, aux yeux d'auditeurs qui n'étaient point dans le secret de cette joie.

Il y a huit ans, si ma mémoire est fidèle, la musique d'un régiment de ligne attaque l'air de Gayant, sur une promenade de Rennes appelée

La Motte. Je faisais partie de l'auditoire. Pendant que j'écoutais, avec un charme délicieux, ces notes qui me rendaient, comme dans un doux rêve, mon pays en fête et dans les plaisirs, je vis tout à coup, à deux pas de moi, deux hommes, en habit de travail, se presser les mains en pleurant, échanger des regards où se peignait un grand étonnement, puis insensiblement se dandiner en suivant le rhytme du morceau, enfin s'enlacer et danser comme deux vrais fous au milieu de la place. — C'était la folie de deux enfants de *Gayant !*

Cette musique, c'était celle de mon régiment, et son chef, mon ami intime, me disait parfois : « Ma musique joue *pour vous* aujourd'hui ; viendrez-vous à la promenade ?.... » Je lui répondais par un serrement de main. — Ces jours là mon cœur avait la folie d'un enfant de *Gayant* : il dansait joliment !

La puissance morale de Gayant va ainsi se perpétuant sur toutes les générations douaisiennes, qui subissent sa domination avec un ineffable bonheur.

C'est un vrai roi, que ce Gayant, un roi sympathique et vénéré, dont le trône est assis sur une constitution que personne de cette cité ne songera jamais à violer, et en tête de laquelle on lit ces mots : Fraternité, Concorde, Plaisirs !

Ces constitutions-là sont immuables et la postérité les respecte éternellement.

TABLE DES MATIÈRES.

SOMMAIRE

DE LA PREMIÈRE PARTIE.

Qu'est-ce que Gayant ? — Réponse d'un poète. — Revue de toutes les origines attribuées jusqu'aujourd'hui à Gayant. — La Tradition. — Le Clergé. — L'Histoire. — La Légende. — L'Archéologie. — Le Mythisme. — Gayant, libérateur de la ville. — Récit populaire. — Gayant, seigneur de Cantin. — Les trois miracles de Saint-Maurand. — Charles-Quint et les géants flamands. — Gayant, attribut de la corporation des manneliers. — Gayant, symbole de la régénération de la Gaule. — Opinion de l'auteur. — Documents divers sur lesquels il base cette opinion. — Influence morale de Gayant sur la population douaisienne.

SOMMAIRE

DE LA DEUXIÈME PARTIE.

Détails divers. — Gayant a d'abord marché seul. — On lui adjoint successivement une femme et des enfants. — Gayant dans les processions religieuses —Personnel de ces processions. — Scandales. — L'autorité ecclésiastique supprime Gayant. — Mandement et règlement à ce sujet. — Réclamation du Magistrat — Procession de Gayant. — Nouveau mandement et nouvelle suppression de Gayant. — Sa résurrection. — Il est de nouveau renversé par la révolution. — Il reparaît en 1801. — Costumes divers de Gayant et de sa famille. — La Roue de fortune et le Sot des canonniers. — Restauration de la famille Gayant par M Wallet. — Proclamation curieuse. — Restauration de 1859. — Rapport de la commission municipale. — Plusieurs anecdotes sur la mystérieuse influence de Gayant sur les Douaisiens.

www.ingramcontent.com/pod-product-compliance
Lightning Source LLC
LaVergne TN
LVHW011953160826
845678LV00002B/510

9782329687193